Rebondir après la tempête

Un guide pour surmonter la perte d'emploi et trouver un nouveau chemin

Nicolas Zaccaria

Code ISBN : 9798394983917
Marque éditoriale : Independently published

Table des matières

1

Introduction : La tempête de la perte d'emploi

Perdre son emploi est une expérience bouleversante qui peut provoquer une multitude d'émotions, allant de la surprise et de la colère à la tristesse et à l'incertitude. La perte d'emploi, qu'elle soit due à un licenciement, à une faillite ou à une restructuration, est souvent comparée à une tempête qui déracine tout ce que l'on connaît et laisse derrière elle un paysage incertain et dévasté. Dans ce chapitre, nous explorerons les émotions liées au licenciement et le processus de deuil professionnel qui accompagne cette expérience.

Comprendre les émotions liées au licenciement

La première étape pour surmonter la perte d'emploi est de reconnaître et de comprendre les émotions que l'on ressent. Il est normal de se sentir submergé, trahi ou même en colère après un licenciement. Chacun réagit différemment à cette situation, et il est important de se donner le temps et l'espace pour traiter ces émotions.

Voici quelques émotions courantes que vous pourriez ressentir après un licenciement :

- **Choc et incrédulité :** Vous pourriez avoir du mal à accepter que vous avez réellement perdu votre emploi, surtout si la nouvelle vous a été annoncée de manière inattendue.

- **Colère :** Il est naturel de ressentir de la colère envers votre ancien employeur, vos collègues ou vous-même pour ce qui s'est passé.

- Tristesse : Perdre un emploi peut entraîner un sentiment de perte, comparable à la fin d'une relation ou à la perte d'un être cher.

- Peur et anxiété : L'incertitude quant à l'avenir et aux finances peut provoquer de la peur et de l'anxiété après un licenciement.

Le processus de deuil professionnel

Tout comme le deuil après la perte d'un être cher, le deuil professionnel est un processus par lequel vous passez pour accepter et surmonter la perte d'emploi. Ce processus comporte plusieurs étapes, qui peuvent se chevaucher ou se répéter. Il est important de se rappeler que chaque personne traverse ces étapes à son propre rythme et qu'il n'y a pas de "bonne" façon de vivre ce processus.

Les étapes du deuil professionnel peuvent inclure :

1. Le déni : Refuser d'accepter la réalité de la perte d'emploi, en minimisant l'impact ou en évitant d'en parler.

2. La colère : Ressentir de la frustration et de la colère envers vous-même, votre ancien employeur ou la situation en général.

3. La négociation : Tenter de trouver des moyens de récupérer votre emploi ou de revenir à votre situation antérieure.

4. La dépression : Se sentir submergé par la tristesse, le désespoir et l'incertitude quant à l'avenir.

5. L'acceptation : Accepter la réalité de la perte d'emploi et commencer à envisager un nouvel avenir professionnel.

En comprenant les émotions liées au licenciement et en reconnaissant les étapes du deuil professionnel, vous êtes mieux équipé pour gérer cette tempête et entamer le processus de guérison. Il est important de se rappeler que ces émotions et ces étapes sont normales et font partie intégrante de l'adaptation à un changement majeur dans votre vie professionnelle.

Dans les chapitres suivants, nous explorerons des

stratégies pour faire face aux émotions et accepter la situation, évaluer votre situation financière, explorer vos compétences et intérêts, et préparer votre recherche d'emploi. Nous aborderons également les étapes pour élargir votre réseau, vous préparer aux entretiens d'embauche, envisager une reconversion professionnelle, prendre soin de vous et cultiver la résilience, et enfin, trouver un nouvel emploi et rebondir après la perte d'emploi.

En travaillant à travers ces étapes et en appliquant les conseils et les stratégies présentés dans ce guide, vous serez en mesure de surmonter la tempête de la perte d'emploi et de trouver un nouveau chemin vers une carrière épanouissante et réussie.

2

Faire face aux émotions et accepter la situation

Après avoir pris conscience des émotions liées au licenciement et du processus de deuil professionnel, il est crucial d'apprendre à faire face à ces émotions et à accepter la situation. Dans cette section, nous aborderons des stratégies pour gérer le stress et l'anxiété, reconnaître et surmonter la colère et le ressentiment, et cultiver la gratitude et l'acceptation.

Gérer le stress et l'anxiété

La perte d'emploi peut être une source majeure de stress et d'anxiété. Pour mieux gérer ces émotions, essayez les stratégies suivantes :

1. **Exercice physique** : L'activité physique peut aider à réduire le stress et à améliorer votre humeur en libérant des endorphines, les hormones du bien-être.

2. **Méditation et relaxation** : Des techniques telles que la méditation, la respiration profonde et la relaxation progressive des muscles peuvent vous aider à apaiser votre esprit et à réduire l'anxiété.

3. **Maintenir une routine quotidienne :** Garder une routine régulière, y compris des heures de coucher et de lever régulières, peut aider à réduire le stress et à instaurer un sentiment de normalité.

4. **Parler à des amis ou à des professionnels** : Partager vos sentiments avec des amis de confiance ou un professionnel de la santé mentale

peut vous aider à gérer le stress et à obtenir un
soutien précieux.

Reconnaître et surmonter la colère et le ressentiment

La colère et le ressentiment sont des émotions courantes après un licenciement. Pour les reconnaître et les surmonter, suivez ces conseils :

1. Exprimez vos émotions : Parlez de vos sentiments de colère et de ressentiment avec des amis, des proches ou un professionnel de la santé mentale. Mettre des mots sur ces émotions peut les rendre plus faciles à gérer.

2. Recherchez des solutions constructives : Au lieu de ruminer des pensées négatives, concentrez-vous sur des actions concrètes que vous pouvez entreprendre pour améliorer votre situation, comme rechercher un nouvel emploi ou développer de nouvelles compétences.

3. Pratiquez le pardon : Pardonner à ceux qui ont contribué à votre licenciement peut vous aider à libérer la colère et le ressentiment et à avancer.

Cultiver la gratitude et l'acceptation

Cultiver la gratitude et l'acceptation peut vous aider à mieux faire face à la perte d'emploi et à adopter une attitude plus positive. Voici quelques stratégies pour y parvenir :

1. Tenez un journal de gratitude : Chaque jour, notez trois choses pour lesquelles vous êtes reconnaissant. Cela peut vous aider à vous concentrer sur les aspects positifs de votre vie et à atténuer les émotions négatives.

2. Pratiquez l'acceptation : Accepter la réalité de votre situation peut être difficile, mais c'est une étape cruciale pour surmonter la perte d'emploi. Reconnaissez que vous ne pouvez pas changer le passé et concentrez-vous sur ce que vous pouvez faire pour améliorer votre avenir.

3. Cherchez les opportunités de croissance : Considérez la perte d'emploi comme une occasion de grandir et d'apprendre. Il se peut que vous découvriez de nouvelles passions, développiez de nouvelles compétences ou rencontriez des personnes qui vous aideront à progresser dans votre carrière.

En appliquant ces stratégies pour gérer le stress et l'anxiété, reconnaître et surmonter la colère et le ressentiment, et cultiver la gratitude et l'acceptation, vous serez mieux préparé à affronter les défis liés à la perte d'emploi. L'adoption d'une approche proactive et positive vous aidera à vous adapter à votre nouvelle situation et à vous concentrer sur les opportunités d'avenir plutôt que sur les épreuves passées.

Dans les chapitres suivants, nous aborderons d'autres aspects importants du processus de rebondissement après la perte d'emploi, tels que l'évaluation de votre situation financière, l'exploration de vos compétences et de vos intérêts, et la préparation de votre recherche d'emploi. Nous discuterons également des moyens de développer votre réseau, de vous préparer aux entretiens d'embauche, d'envisager

une reconversion professionnelle, de prendre soin
de vous et de cultiver la résilience, et enfin, de
trouver un nouvel emploi et de rebondir après la
perte d'emploi.

3

Évaluation de sa situation financière

Lorsque vous perdez votre emploi, l'un des principaux défis auxquels vous êtes confronté est la gestion de votre situation financière. Il est essentiel d'évaluer rapidement vos finances afin de minimiser l'impact de la perte de revenus et de planifier votre avenir. Dans cette section, nous aborderons les étapes à suivre pour faire un bilan financier après un licenciement, établir un budget de transition et rechercher des aides et allocations disponibles.

Faire un bilan financier après un licenciement, il est important d'évaluer votre situation financière actuelle.

Voici les étapes à suivre pour faire un bilan financier :

1. Calculez vos actifs : Additionnez l'argent disponible sur vos comptes bancaires, vos placements, vos biens immobiliers et autres actifs.

2. Calculez vos dettes : Additionnez toutes vos dettes, telles que les soldes de cartes de crédit, les prêts étudiants, les prêts hypothécaires et les prêts automobiles.

3. Évaluez votre situation financière nette : Soustrayez vos dettes de vos actifs pour obtenir votre situation financière nette. Cette information vous aidera à déterminer vos options financières et à planifier votre budget de transition.

Établir un budget de transition

Un budget de transition est un plan financier temporaire qui vous aidera à gérer vos dépenses pendant la période de recherche d'un nouvel emploi. Voici comment établir un budget de transition :

1. Énumérez vos sources de revenus : Incluez tout revenu prévisible, comme les indemnités de licenciement, les allocations chômage ou les revenus provenant d'un emploi à temps partiel.

2. Énumérez vos dépenses : Incluez toutes vos dépenses régulières, telles que le loyer, les factures d'utilité, l'assurance, les frais de transport et les dépenses alimentaires.

3. Réduisez les dépenses inutiles : Identifiez les dépenses qui peuvent être réduites ou éliminées pendant cette période, comme les loisirs, les sorties au restaurant ou les abonnements non essentiels.

4. Ajustez votre budget : Adaptez votre budget en fonction de vos revenus et de vos dépenses pour vous assurer que vous pouvez couvrir vos besoins essentiels tout en cherchant un nouvel emploi.

Rechercher des aides et allocations disponibles

Après un licenciement, vous pourriez avoir droit à diverses aides et allocations, telles que :

1. Allocations chômage : Renseignez-vous sur les conditions d'éligibilité et les montants des allocations chômage dans votre pays ou région.

2. Aides financières gouvernementales : Informez-vous sur les programmes d'aide financière disponibles pour les personnes en recherche d'emploi, tels que les allocations logement, les aides alimentaires ou les subventions pour la formation professionnelle.

3. Prestations d'assurance : Si vous avez souscrit une assurance chômage privée, vérifiez si vous êtes éligible aux prestations et informez-vous sur la procédure de demande.

En évaluant votre situation financière, en établissant un budget de transition et en recherchant des aides et allocations disponibles, vous serez en mesure de mieux gérer vos finances pendant cette période difficile. Cela vous permettra de vous concentrer sur la recherche d'un nouvel emploi sans être constamment préoccupé par les questions d'argent.

Dans les chapitres suivants, nous aborderons d'autres aspects importants du processus de rebondissement après la perte d'emploi, tels que l'exploration de vos compétences et de vos intérêts, la préparation de votre recherche d'emploi, le développement de votre réseau et la préparation aux entretiens d'embauche. Nous discuterons également des moyens d'envisager une reconversion professionnelle, de prendre soin de vous et de cultiver la résilience, et enfin, de trouver un nouvel emploi et de rebondir après la perte d'emploi.

En prenant le temps d'évaluer votre situation financière et de planifier en conséquence, vous serez mieux préparé à affronter les défis financiers qui accompagnent la perte d'emploi et à vous concentrer sur les opportunités d'avenir qui vous permettront de vous épanouir professionnellement et personnellement.

4

Explorer ses compétences et intérêts

Après avoir évalué votre situation financière et géré vos émotions, il est important d'explorer vos compétences, talents, passions et intérêts pour déterminer la meilleure voie à suivre dans votre carrière. Dans cette section, nous aborderons les étapes à suivre pour réaliser un inventaire de vos compétences et talents, identifier vos passions et intérêts, et réfléchir à vos valeurs personnelles et objectifs de carrière.

Inventaire des compétences et des talents

Pour évaluer vos compétences et talents, suivez ces étapes :

1. Dressez la liste de vos compétences techniques : Notez toutes les compétences spécifiques à votre domaine professionnel, telles que la maîtrise de logiciels, les compétences en programmation ou la connaissance de langues étrangères.

2. Identifiez vos compétences transférables : Notez les compétences qui peuvent être appliquées à diverses professions, telles que la gestion de projet, la communication, la résolution de problèmes ou le leadership.

3. Demandez des commentaires : Parlez à des collègues, amis et proches pour obtenir des commentaires sur vos forces et vos talents.

Identifier ses passions et ses intérêts

Pour identifier vos passions et intérêts, considérez les questions suivantes :

1. Quelles activités vous procurent de la satisfaction et de l'énergie ?

2. Quels sont les sujets ou les domaines qui vous passionnent ?

3. Quelles sont les causes ou les questions sociales qui vous tiennent à cœur ?

Réfléchir aux valeurs personnelles et aux objectifs de carrière

Enfin, prenez le temps de réfléchir à vos valeurs personnelles et à vos objectifs de carrière. Posez-vous les questions suivantes :

1. Quelles sont les valeurs qui sont importantes pour vous dans un emploi, telles que l'équilibre travail-vie personnelle, l'éthique de l'entreprise ou la possibilité d'avancement ?

2. Quels sont vos objectifs de carrière à court et à long terme ?

3. Quel type d'environnement de travail vous convient le mieux (par exemple, travail d'équipe ou travail indépendant, bureau ou télétravail) ?

En explorant vos compétences, talents, passions, intérêts et valeurs, vous serez en mesure de mieux cibler les opportunités de carrière qui vous correspondent. Cette connaissance vous aidera également à vous préparer pour la recherche d'emploi, à développer votre réseau et à vous préparer aux entretiens d'embauche.

Dans les chapitres suivants, nous aborderons ces aspects du processus de rebondissement après la perte d'emploi, ainsi que des moyens d'envisager une reconversion professionnelle, de prendre soin de vous et de cultiver la résilience, et enfin, de trouver un nouvel emploi et de rebondir après la perte d'emploi.

5

Se préparer à la recherche d'emploi

Une fois que vous avez exploré vos compétences, intérêts et objectifs de carrière, il est temps de se préparer activement à la recherche d'emploi. Dans cette section, nous aborderons les étapes à suivre pour rédiger un CV convaincant, préparer une lettre de motivation efficace et développer votre présence en ligne et sur les réseaux sociaux professionnels.

Rédiger un CV convaincant

Un CV bien rédigé est essentiel pour décrocher des entretiens d'embauche.

Voici quelques conseils pour rédiger un CV convaincant :

1. Adaptez votre CV à chaque poste : Personnalisez votre CV en fonction du poste et de l'entreprise pour montrer que vous êtes un candidat idéal.

2. Mettez en avant vos compétences et réalisations : Utilisez des verbes d'action et des chiffres pour démontrer l'impact de vos compétences et réalisations sur les organisations précédentes.

3. Organisez votre CV de manière claire et concise : Utilisez des titres et des puces pour faciliter la lecture et assurez-vous que votre CV ne dépasse pas deux pages.

Préparer une lettre de motivation efficace

Une lettre de motivation bien rédigée peut vous aider à vous démarquer des autres candidats.

Voici quelques conseils pour préparer une lettre de motivation efficace :

1. Personnalisez la lettre : Adressez la lettre à la personne responsable du recrutement, si possible, et mentionnez le nom de l'entreprise et le poste pour lequel vous postulez.

2. Expliquez pourquoi vous êtes le candidat idéal : Mettez en avant vos compétences et expériences pertinentes et expliquez en quoi elles correspondent aux exigences du poste.

3. Montrez votre enthousiasme pour l'entreprise et le poste : Faites des recherches sur l'entreprise et expliquez ce qui vous attire et comment vous pouvez contribuer à son succès.

Développer sa présence en ligne et sur les réseaux sociaux professionnels

Aujourd'hui, la majorité des recruteurs recherchent des candidats en ligne.

Voici quelques conseils pour développer votre présence en ligne et sur les réseaux sociaux professionnels :

1. Créez un profil LinkedIn professionnel : Complétez votre profil avec une photo professionnelle, un résumé convaincant, des recommandations et des exemples de votre travail.

2. Soyez actif sur les réseaux sociaux professionnels : Partagez des articles, participez à des discussions et rejoignez des groupes pertinents pour augmenter votre visibilité et développer votre réseau.

3. Faites attention à votre image en ligne : Assurez-vous que vos autres profils sur les réseaux sociaux ne contiennent pas de contenu inapproprié ou controversé qui pourrait nuire à votre image professionnelle.

En suivant ces étapes pour rédiger un CV convaincant, préparer une lettre de motivation efficace et développer votre présence en ligne, vous augmenterez vos chances de décrocher des entretiens d'embauche et de trouver un nouvel emploi. Dans les chapitres suivants, nous aborderons d'autres aspects du processus de rebondissement après la perte d'emploi, tels que le développement de votre réseau, la préparation aux entretiens d'embauche, l'envisagement d'une reconversion professionnelle, la prise en charge de soi et le développement de la résilience.

En vous préparant de manière approfondie à la recherche d'emploi, vous mettrez toutes les chances de votre côté pour trouver une nouvelle opportunité professionnelle qui correspond à vos compétences, intérêts et objectifs de carrière. Cette préparation vous aidera également à aborder les entretiens d'embauche avec confiance, ce qui est essentiel pour réussir à rebondir après la perte d'un emploi.

6

Réseautage et recherche d'opportunités

Le réseautage est un élément clé pour trouver un nouvel emploi et rebondir après une perte d'emploi. Dans cette section, nous aborderons l'importance du réseautage pour trouver un nouvel emploi, comment participer à des événements de réseautage et des salons de l'emploi, et solliciter des recommandations et des références.

Importance du réseautage pour trouver un nouvel emploi

Le réseautage est important pour plusieurs raisons :

1. Accès au marché caché de l'emploi : De nombreuses offres d'emploi ne sont pas publiées et sont pourvues par le bouche-à-oreille ou par des recommandations. Le réseautage vous permet d'accéder à ces opportunités.

2. Construire des relations professionnelles : Le réseautage vous aide à développer des relations avec des personnes de votre secteur d'activité, ce qui peut mener à des opportunités de collaboration et d'apprentissage.

3. Obtenir des informations sur les entreprises et les secteurs d'activité : En interagissant avec des professionnels de votre secteur, vous pouvez obtenir des informations précieuses sur les tendances du marché, les entreprises en croissance et les compétences recherchées.

Participer à des événements de réseautage et des salons de l'emploi

Pour développer votre réseau, assistez à des événements de réseautage et des salons de l'emploi :

1. Recherchez des événements locaux : Consultez les sites Web de chambres de commerce, d'associations professionnelles et d'universités pour trouver des événements de réseautage et des salons de l'emploi dans votre région.

2. Préparez-vous pour les événements : Avant d'assister à un événement, préparez-vous en révisant la liste des participants, en mettant à jour votre CV et en préparant une introduction courte et percutante (également appelée "pitch") pour vous présenter.

3. Suivez les contacts établis : Après un événement, assurez-vous de suivre les contacts que vous avez établis en leur envoyant un e-mail ou une demande de connexion sur les réseaux sociaux professionnels.

Solliciter des recommandations et des références

Les recommandations et les références peuvent être d'une grande aide pour trouver un nouvel emploi :

1. Identifiez les personnes qui peuvent vous recommander : Sélectionnez des personnes qui vous connaissent bien professionnellement, comme d'anciens superviseurs, collègues ou clients, et qui peuvent témoigner de vos compétences et réalisations.

2. Demandez des recommandations : Contactez ces personnes et demandez-leur si elles seraient disposées à vous recommander pour un emploi ou à vous fournir une référence écrite.

3. Remerciez vos références : N'oubliez pas de remercier les personnes qui vous recommandent et tenez-les informées de l'évolution de votre recherche d'emploi.

En développant activement votre réseau et en recherchant des opportunités, vous augmenterez vos chances de trouver un nouvel emploi qui correspond à vos compétences, intérêts et objectifs de carrière. Le réseautage peut également vous aider à développer des relations professionnelles durables et à vous tenir informé des tendances et des développements dans votre secteur d'activité.

Dans les chapitres suivants, nous aborderons d'autres aspects du processus de rebondissement après la perte d'emploi, tels que la préparation aux entretiens d'embauche, l'envisagement d'une reconversion professionnelle, la prise en charge de soi et le développement de la résilience.

En investissant du temps et des efforts dans le réseautage et la recherche d'opportunités, vous serez mieux placé pour trouver un nouvel emploi qui correspond à vos compétences, intérêts et objectifs de carrière. Cette démarche proactive vous aidera également à aborder votre recherche d'emploi avec confiance et optimisme, des éléments essentiels pour réussir à rebondir après la perte d'un emploi.

7

Se préparer aux entretiens d'embauche

Les entretiens d'embauche sont une étape cruciale de votre recherche d'emploi et méritent une préparation soignée. Dans cette section, nous aborderons des techniques pour réussir les entretiens d'embauche, comment répondre aux questions difficiles sur la perte d'emploi, et l'importance de faire preuve de confiance et d'enthousiasme.

Techniques pour réussir les entretiens d'embauche

Pour réussir un entretien d'embauche, il est important de :

1. Faire des recherches sur l'entreprise : Avant l'entretien, renseignez-vous sur l'entreprise, ses produits ou services, sa culture et ses défis. Cela vous aidera à personnaliser vos réponses et à montrer votre intérêt pour l'entreprise.

2. Préparer des réponses aux questions d'entretien courantes : Réfléchissez à des exemples concrets de vos expériences de travail passées qui démontrent vos compétences et vos réalisations.

3. Pratiquer l'entretien : Faites des simulations d'entretien avec un ami ou un coach de carrière pour améliorer vos compétences en communication et gérer votre stress.

Répondre aux questions difficiles sur la perte d'emploi

Il se peut que vous soyez interrogé sur la raison de votre perte d'emploi lors de l'entretien. Voici quelques conseils pour y répondre :

1. Soyez honnête, mais bref : Expliquez de manière concise pourquoi vous avez perdu votre emploi, sans entrer dans les détails négatifs ou critiquer votre ancien employeur.

2. Montrez que vous êtes prêt à aller de l'avant : Parlez de ce que vous avez appris de cette expérience et de comment vous êtes prêt à appliquer ces leçons à votre prochain emploi.

3. Concentrez-vous sur vos compétences et votre valeur : Redirigez la conversation vers vos compétences, vos réalisations et ce que vous pouvez apporter à l'entreprise.

Faire preuve de confiance et d'enthousiasme

Lors d'un entretien d'embauche, il est important de :

1. Projeter la confiance : Parlez clairement, maintenez un contact visuel et utilisez un langage corporel ouvert pour montrer que vous êtes confiant et engagé.

2. Montrer de l'enthousiasme : Exprimez votre intérêt pour le poste et l'entreprise, et montrez votre motivation à contribuer à leur succès.

3. Être positif : Même si vous avez perdu votre emploi, restez positif et concentrez-vous sur vos plans et vos aspirations pour l'avenir.

En vous préparant soigneusement pour les entretiens d'embauche, vous augmenterez vos chances de faire bonne impression et de décrocher un nouvel emploi. Dans les sections suivantes, nous aborderons d'autres aspects du processus de rebondissement après la perte d'emploi, comme l'envisagement d'une reconversion professionnelle, la prise en charge de soi et le développement de la résilience.

8

Envisager une reconversion professionnelle

La perte d'un emploi peut être l'occasion de réévaluer sa carrière et d'envisager un changement de cap. Dans cette section, nous aborderons les avantages et les inconvénients d'une reconversion professionnelle, comment se former pour acquérir de nouvelles compétences et trouver des mentors et des ressources pour soutenir la transition.

Évaluer les avantages et les inconvénients d'un changement de carrière

Avant de décider de changer de carrière, pesez soigneusement les avantages et les inconvénients :

1. Avantages : Un changement de carrière peut vous apporter plus de satisfaction professionnelle, de meilleures perspectives d'emploi ou un meilleur équilibre entre vie professionnelle et vie privée.

2. Inconvénients : Un changement de carrière peut impliquer des sacrifices, tels que des réductions de salaire, une période d'incertitude ou la nécessité de retourner à l'école.

Pensez à vos motivations, vos intérêts et vos objectifs de carrière pour déterminer si un changement de carrière est la meilleure option pour vous.

Se former pour acquérir de nouvelles compétences

Pour réussir une reconversion professionnelle, il est souvent nécessaire d'acquérir de nouvelles compétences :

1. Formation continue : Inscrivez-vous à des cours, des ateliers ou des formations en ligne pour développer les compétences requises dans votre nouvelle carrière.

2. Certifications : Obtenez des certifications professionnelles pour renforcer votre crédibilité et démontrer votre engagement envers votre nouvelle carrière.

3. Expérience pratique : Recherchez des stages, des projets bénévoles ou des missions temporaires pour acquérir de l'expérience pratique dans votre nouveau domaine.

Trouver des mentors et des ressources pour soutenir la transition

Un soutien adéquat peut faciliter votre transition vers une nouvelle carrière :

1. **Mentors :** Recherchez des personnes expérimentées dans votre nouveau domaine qui peuvent vous guider, vous conseiller et partager leurs expériences avec vous.

2. **Réseaux professionnels :** Rejoignez des associations professionnelles, des groupes de réseautage et des forums en ligne pour rencontrer des personnes partageant les mêmes idées et obtenir des conseils sur votre reconversion professionnelle.

3. **Ressources en ligne :** Consultez des blogs, des articles et des vidéos pour en apprendre davantage sur votre nouvelle carrière et rester informé des tendances et des opportunités.

Envisager une reconversion professionnelle peut être à la fois excitant et intimidant. Cependant, en pesant soigneusement les avantages et les inconvénients, en vous formant pour acquérir de nouvelles compétences et en trouvant des mentors et des ressources pour soutenir votre transition, vous augmenterez vos chances de réussir dans votre nouvelle carrière.

9

Prendre soin de soi et cultiver la résilience

La perte d'un emploi peut être émotionnellement éprouvante et stressante. Prendre soin de soi et cultiver la résilience sont essentiels pour traverser cette période difficile et se préparer à relever de nouveaux défis. Dans cette section, nous aborderons l'importance de l'équilibre entre vie professionnelle et vie privée, des techniques de relaxation et de gestion du stress, et comment développer un état d'esprit positif et résilient.

Importance de l'équilibre entre vie professionnelle et vie privée

Maintenir un bon équilibre entre vie professionnelle et vie privée pendant votre recherche d'emploi est crucial pour votre bien-être :

1. Planifiez votre temps : Établissez un emploi du temps quotidien qui inclut à la fois des activités liées à la recherche d'emploi et des moments de détente et de plaisir.

2. Faites de l'exercice : L'activité physique peut aider à réduire le stress et à améliorer votre humeur et votre énergie.

3. Maintenez une vie sociale : Passez du temps avec votre famille et vos amis pour vous détendre et vous ressourcer.

Techniques de relaxation et de gestion du stress

Il est important de développer des techniques pour gérer le stress et vous détendre pendant cette période :

1. Respiration profonde : Pratiquez des exercices de respiration profonde pour réduire la tension et vous calmer.

2. Méditation : Essayez la méditation ou la pleine conscience pour vous aider à rester centré et à mieux gérer le stress.

3. Journaling : Écrire vos pensées et vos émotions dans un journal peut vous aider à clarifier vos sentiments et à trouver des solutions à vos problèmes.

Développer un état d'esprit positif et résilient

Cultiver un état d'esprit positif et résilient vous aidera à surmonter les défis liés à la perte d'emploi :

1. Adoptez la pensée positive : Remplacez les pensées négatives par des affirmations positives et réalistes pour vous encourager et vous motiver.

2. Fixez-vous des objectifs réalistes : Établissez des objectifs à court et à long terme pour votre recherche d'emploi et célébrez vos petites victoires en cours de route.

3. Apprenez de vos expériences : Considérez les échecs et les obstacles comme des occasions d'apprendre et de grandir, et utilisez ces leçons pour vous améliorer et vous adapter.

En prenant soin de vous et en cultivant la résilience, vous serez mieux équipé pour faire face aux défis de la perte d'emploi et vous préparer à saisir de nouvelles opportunités. Prendre le temps de vous détendre, gérer le stress et développer un état d'esprit positif et résilient vous permettra de rebondir plus rapidement et de réussir dans votre recherche d'emploi.

10

Trouver un nouvel emploi et rebondir

Après avoir traversé les différentes étapes de la recherche d'emploi et de la prise en charge de soi, le moment est venu de trouver un nouvel emploi et de rebondir. Dans cette section, nous aborderons comment tirer les leçons de l'expérience de la perte d'emploi, s'adapter à un nouvel environnement professionnel et planifier sa carrière à long terme pour éviter les pièges futurs.

Tirer les leçons de l'expérience de la perte d'emploi

La perte d'un emploi peut offrir des enseignements précieux pour votre carrière future :

1. Analysez ce qui s'est passé : Identifiez les facteurs qui ont conduit à la perte d'emploi et déterminez ce que vous pouvez améliorer ou éviter à l'avenir.

2. Développez vos compétences : Utilisez cette expérience pour identifier les domaines dans lesquels vous pouvez vous améliorer et investir du temps et des efforts pour développer ces compétences.

3. Cultivez la résilience : Apprenez à voir les défis et les revers comme des opportunités de croissance et de développement personnel.

S'adapter à un nouvel environnement professionnel

Une fois que vous avez trouvé un nouvel emploi, il est important de vous adapter rapidement à votre nouvel environnement :

1. Soyez ouvert et flexible : Montrez-vous prêt à apprendre et à vous adapter aux nouvelles méthodes de travail, aux processus et aux technologies.

2. Établissez des relations : Faites un effort pour connaître vos collègues et établir des relations professionnelles positives et de soutien.

3. Demandez du feedback : Sollicitez régulièrement des commentaires de la part de vos supérieurs et de vos collègues pour vous améliorer et vous intégrer avec succès.

Planifier sa carrière à long terme et éviter les pièges futurs

Enfin, planifiez votre carrière à long terme pour minimiser les risques de futurs problèmes d'emploi :

1. Définissez des objectifs de carrière clairs : Réfléchissez à vos aspirations professionnelles et établissez des objectifs réalistes pour y parvenir.

2. Restez informé des tendances du marché : Gardez un œil sur l'évolution de votre secteur et des compétences en demande pour vous assurer de rester compétitif sur le marché du travail.

3. Continuez à développer vos compétences : Investissez dans votre développement professionnel en suivant des formations, en obtenant des certifications et en participant à des événements de réseautage pour élargir vos horizons et renforcer votre employabilité.

En tirant les leçons de votre expérience de perte d'emploi, en vous adaptant à un nouvel environnement professionnel et en planifiant activement votre carrière à long terme, vous serez mieux préparé à relever les défis futurs et à profiter d'une carrière épanouissante.

Réflexions sur le parcours de reconstruction

1. Prenez du recul : Réfléchissez à ce que vous avez appris et accompli tout au long de ce processus, et comment vous avez grandi en tant que personne et professionnel.

2. Valorisez les leçons apprises : Reconnaître les leçons tirées de cette expérience et comment elles vous ont aidé à devenir plus résilient et mieux préparé pour l'avenir.

3. Appréciez les soutiens : Exprimez votre gratitude envers les personnes qui vous ont soutenu tout au long de ce parcours, qu'il s'agisse de membres de la famille, d'amis, de mentors ou de collègues.

Célébrer les réussites et les progrès réalisés

1. Reconnaître les victoires : Célébrez les objectifs atteints, les compétences acquises et les progrès réalisés tout au long de ce processus.

2. Partagez vos succès : N'hésitez pas à partager vos réussites avec les personnes qui vous ont soutenu et à les remercier pour leur aide.

3. Maintenez la motivation : Utilisez vos réussites pour vous motiver à continuer à vous améliorer et à vous développer dans votre carrière.

Envisager l'avenir avec optimisme et détermination

1. Adoptez un état d'esprit positif : Continuez à cultiver la pensée positive et la résilience pour faire face aux défis futurs avec confiance.

2. Restez proactif : Soyez acteur de votre carrière en planifiant et en poursuivant activement vos objectifs professionnels.

3. Saisissez les opportunités : Restez ouvert aux nouvelles opportunités et soyez prêt à saisir les chances qui se présentent pour continuer à progresser dans votre carrière.

En réfléchissant sur votre parcours de reconstruction, en célébrant vos réussites et en envisageant l'avenir avec optimisme et détermination, vous serez en mesure d'embrasser pleinement le nouveau chemin sur lequel vous vous trouvez et de profiter d'une carrière épanouissante et réussie.

11

Conclusion : Embrasser le nouveau chemin

Après avoir traversé les différentes étapes pour surmonter la perte d'emploi et reconstruire votre carrière, il est important de prendre du recul et d'embrasser le nouveau chemin sur lequel vous vous trouvez. Dans cette conclusion, nous aborderons les réflexions sur le parcours de reconstruction, la célébration des réussites et des progrès réalisés, et comment envisager l'avenir avec optimisme et détermination.

Réflexions sur le parcours de reconstruction

1. Prenez du recul : Réfléchissez à ce que vous avez appris et accompli tout au long de ce processus, et comment vous avez grandi en tant que personne et professionnel.

2. Valorisez les leçons apprises : Reconnaître les leçons tirées de cette expérience et comment elles vous ont aidé à devenir plus résilient et mieux préparé pour l'avenir.

3. Appréciez les soutiens : Exprimez votre gratitude envers les personnes qui vous ont soutenu tout au long de ce parcours, qu'il s'agisse de membres de la famille, d'amis, de mentors ou de collègues.

Célébrer les réussites et les progrès réalisés

1. Reconnaître les victoires : Célébrez les objectifs atteints, les compétences acquises et les progrès réalisés tout au long de ce processus.

2. Partagez vos succès : N'hésitez pas à partager vos réussites avec les personnes qui vous ont soutenu et à les remercier pour leur aide.

3. Maintenez la motivation : Utilisez vos réussites pour vous motiver à continuer à vous améliorer et à vous développer dans votre carrière.

Envisager l'avenir avec optimisme et détermination

1. Adoptez un état d'esprit positif : Continuez à cultiver la pensée positive et la résilience pour faire face aux défis futurs avec confiance.

2. Restez proactif : Soyez acteur de votre carrière en planifiant et en poursuivant activement vos objectifs professionnels.

3. Saisissez les opportunités : Restez ouvert aux nouvelles opportunités et soyez prêt à saisir les chances qui se présentent pour continuer à progresser dans votre carrière.

En réfléchissant sur votre parcours de reconstruction, en célébrant vos réussites et en envisageant l'avenir avec optimisme et détermination, vous serez en mesure d'embrasser pleinement le nouveau chemin sur lequel vous vous trouvez et de profiter d'une carrière épanouissante et réussie.

Cher lecteur,

Au cours de votre parcours professionnel, il peut arriver que vous fassiez face à des difficultés, des revers ou même à la perte d'emploi. Cependant, je suis là pour vous dire que vous avez le pouvoir de vous relever, de rebondir et de créer une nouvelle réalité pleine de réussite et d'épanouissement.

Ce livre est conçu pour vous offrir un soutien solide, des conseils pratiques et une dose d'inspiration nécessaire pour surmonter les épreuves et embrasser un nouveau chemin avec confiance. Vous découvrirez des stratégies pour gérer vos émotions, évaluer votre situation financière, explorer vos compétences et intérêts, et préparer votre recherche d'emploi. Vous apprendrez à développer votre réseau, à envisager une reconversion professionnelle et à prendre soin de vous dans ce processus de reconstruction.

Rappelez-vous que chaque défi peut être transformé en une opportunité. Ce livre vous encourage à tirer des leçons de votre expérience passée, à vous appuyer sur vos forces et à cultiver une résilience inébranlable. Vous êtes plus fort que vous ne le pensez, et vos talents et vos compétences sont précieux. Il est temps de vous réinventer, de vous réaffirmer et de tracer votre propre voie vers le succès.

N'ayez pas peur de rêver grand et d'aspirer à une carrière qui vous inspire et vous épanouit. Vous avez le pouvoir de transformer votre situation actuelle en une opportunité de croissance et de réalisation personnelle. Restez positif, persévérant et déterminé. Les réussites et les progrès que vous réaliserez en chemin doivent être célébrés, car chaque étape vous rapproche de vos objectifs.

Alors, prenez ce livre entre vos mains et plongez

dans les pages remplies de sages conseils et d'histoires inspirantes. Utilisez-les comme un guide pour vous aider à naviguer dans les défis, à rebondir avec force et à créer une vie professionnelle qui vous apporte satisfaction et bonheur.

Je crois en votre potentiel et en votre capacité à surmonter les obstacles. Vous avez déjà franchi la première étape en cherchant les réponses et les outils nécessaires pour vous relever. Maintenant, c'est à vous de les utiliser et de créer le futur que vous méritez.

Que ce livre soit votre compagnon fidèle dans votre parcours de reconstruction. Je vous encourage à persévérer, à rester motivé et à avancer avec détermination. Vous êtes prêt à saisir les opportunités qui se présentent et à embrasser un avenir rempli de succès et de réalisations.

Croyez en vous-même, faites confiance à votre parcours et souvenez-vous que chaque obstacle est une occasion de grandir. Vous êtes capable de rebondir, de vous réinventer et de conquérir de nouveaux sommets.

Bon voyage vers une vie professionnelle épanouissante et réussie !

Avec mes meilleurs vœux,

Nicolas

À propos de l'auteur

Je m'appelle Nicolas et j'ai acquis une solide expérience professionnelle dans le domaine des ressources humaines. Mon parcours m'a permis d'occuper le poste de responsable RH dans une clinique, où j'ai développé mes compétences en gestion du personnel et en amélioration des pratiques organisationnelles.

Au cours de ma carrière, j'ai également occupé des postes de chef de projets pour un fournisseur médical. Durant cette période, j'ai fait face à des défis importants lorsque l'entreprise a connu une faillite. J'ai dû traverser les démarches administratives difficiles liées à cette situation.

Cependant, j'ai puisé en moi la force et la détermination nécessaires pour surmonter cette épreuve et rebondir.

J'ai également eu l'opportunité d'explorer le monde de l'entrepreneuriat en devenant indépendant. Cette expérience m'a permis de développer une plus grande autonomie et une vision entrepreneuriale, tout en apprenant à naviguer dans un environnement professionnel en constante évolution.

Actuellement, je suis teamleader, où j'ai la chance de mettre à profit mes compétences en gestion d'équipe et en leadership pour inspirer et motiver les autres à atteindre leurs objectifs.

Mon parcours professionnel m'a enseigné l'importance d'affronter les difficultés avec détermination. J'ai appris que chaque obstacle peut être transformé en une opportunité de croissance et de développement personnel. Les défis que j'ai rencontrés ont renforcé ma résilience et ma volonté de surmonter les obstacles afin de créer une vie professionnelle épanouissante.

Dans ce livre, je partage mes connaissances et mon expérience pour aider les autres à relever les défis de la perte d'emploi et à saisir de nouvelles opportunités. Je crois fermement que chacun a le pouvoir de se relever, de se réinventer et de réussir, même face aux moments les plus difficiles de sa carrière.

J'espère que les conseils pratiques et les encouragements que vous trouverez dans ces pages vous inspireront et vous donneront la confiance nécessaire pour affronter les difficultés, saisir les opportunités et créer une vie professionnelle épanouissante. Ensemble, nous pouvons surmonter les obstacles et embrasser un avenir rempli de succès.

N'ayez pas peur d'affronter les difficultés avec détermination et ne laissez rien vous arrêter. Vous avez le pouvoir de rebondir et d'accomplir de grandes choses.